Mes premières questions sur la franc-maçonnerie

Hervé H. Lecoq

Illustration de couverture :

Temple du Roi Salomon, aquarelle par Hervé H. Lecoq

Copyright © 2021 Hervé H. Lecoq

Tous droits réservés.

ISBN : **9798471492226**
Dépôt légal Septembre 2021

DÉDICACE

A vous qui allez lire cet ouvrage.

Que la sincérité qui a dicté chacun de mes mots vous atteigne.

Table des matières

LETTRE AUX LECTEURS.. 1

GENERALITES 6

   1 Qu'est-ce que la franc-maçonnerie ? 6

   2 Quel est le but de la franc-maçonnerie?.................... 9

   3 Que m'apportera la franc-maçonnerie?.................... 11

   4 Comment puis-je devenir membre?.......................... 13

   5 Qu'attend-on de moi une fois Apprenti? 16

SUR LA RELIGION 19

   6 La Franc-maçonnerie est-elle une religion? 19

   7 Quelle relation la franc-maçonnerie entretient-elle avec la religion? Est-elle en concurrence? 21

   8 Puis-je être franc-maçon(ne) en étant athée ou agnostique? 22

   9 Puis-je être franc-maçon(ne) en étant protestant, catholique, juif, musulman, hindou, sikhs, etc? 24

   10 Pourquoi appelez-vous la Bible : le Volume de la Loi Sacrée? 25

   11 Pourquoi appelez-vous Dieu : le Grand Architecte de l'Univers? 26

   12 Pourquoi certaines églises n'aiment pas la franc-maçonnerie?... 27

HISTOIRE ET SOCIETE 29

   13 Comment et où la franc-maçonnerie a-t-elle débuté?..... 29

   14 La franc-maçonnerie est-elle reliée aux Guildes

médiévales?.. 31

15 La franc-maçonnerie est-elle reliée aux templiers? 32

16 Quels sont les liens entre la franc-maçonnerie et la politique?.. 33

17 Etre franc-maçon(ne) donne-t-il des passe-droits à l'embauche, dans les promotions ou bien dans l'attribution de contrats?... 34

CURIEUSES HABITUDES 35

18 Quelle est cette histoire de «grades»?............................. 35

19 Que se passe-t-il dans une tenue? 36

20 Quelle est cette fameuse poignée de main dont on parle souvent? 37

21 Pourquoi portez-vous un tablier et des gants? 38

22 Y a-t-il plusieurs rites en franc-maçonnerie? 39

THEORIES DU COMPLOT 41

23 La franc-maçonnerie est-elle une société SECRÈTE? Une Secte? 41

24 La franc-maçonnerie fait-elle partie d'une conspiration MONDIALE? 44

26 De quelle nature sont les secrets maçonniques?............ 46

27 Est-ce que je mets ma vie en danger en prêtant serment? 47

28 Ces rituels et cérémonies ne sont-ils pas un peu vieux-jeu? 48

CRITERES D'ADMISSION 50

29 Qui peut devenir franc-maçon(ne)? 50

30 Faut-il être riche pour entrer en franc-maçonnerie? 52

31 Est-ce un club réservé aux personnes RETRAITÉES? 54

32 La couleur de ma peau ou mon origine sont-elles des freins? 55

33 Doit-on déclarer son appartenance à la Franc-Maçonnerie pour travailler dans une entreprise ou une administration? 56

34 Qu'entendez-vous par « prêter serment? » 58

COMMENT CANDIDATER 60

35 Que puis-je lire de plus? 60

36 A qui m'adresser et quoi fournir? 61

37 Qui vais-je rencontrer? 62

38 Suis-je obligé(e) de continuer une fois le processus enclenché? 63

39 Comment se passe la prise de décision? 64

40 Combien de temps attendre? 66

41 Que se passera-t-il si ma candidature n'est pas acceptée? 67

42 Comment me préparer pour le jour J? 68

43 Que va-t-il se passer le jour J? 69

REMERCIEMENTS

A toutes celles et tous ceux qui ne m'aiment pas. Vous êtes les plus formidables moteurs de ma réalisation personnelle.

« Bisous les haters »

LETTRE AUX LECTEURS

Vous êtes « profane » et vous posez des questions sur la Franc-maçonnerie ?

Vous êtes un frère ou une sœur qui cherche à présenter la Franc-maçonnerie à ses proches, ou bien qui veut en parler à un profane mais ne sait pas exactement comment faire ?

Vous avez acheté le bon ouvrage.

Mais s'il vous plait, ne lisez pas cet ouvrage en commençant par le début.
Car, vous le verrez, vous risquez de l'abandonner sans jamais le finir.
Non pas que son auteur doute de sa capacité à vous captiver par l'humour que son physique ingrat l'a obligé à développer, mais ceci est le fruit de l'expérience : la détermination s'émousse au fil des difficultés.
En Franc-maçonnerie comme pour tout, le temps sépare toujours les simples curieux dont l'intérêt est une alumette, de celles et ceux qui ont le feu sacré.
Soyez donc un brasier et embrasez cet ouvrage de toute votre sain questionnement.
Feuilletez-le. Prenez un crayon, lisez un chapitre et cochez ceux que vous aurez lu. Qu'importe que vous

ne lisiez qu'une page par jour ou que vous le lisiez d'un trait.

Finissez-le.

Ceci étant dit, si vous lisez cet ouvrage en version électronique, rien n'est perdu pour le fait de cocher chaque chapitre lu.

Faire l'acquisition d'un deuxième exemplaire au format papier est toujours possible !

En tout cas, je vous félicite ! Si vous lisez cet ouvrage c'est que vous avez conscience de la profondeur du gouffre que représente la « connaissance maçonnique ».

Cette hauteur m'a saisi en 2009 lors de mon initiation au Rite Français Traditionnel. Elle ne m'a pas quitté lorsque je me suis familiarisé avec l'esprit du Régime Ecossais Rectifié au contact de la transcription de la correspondance de Jean-Baptiste Willermoz et Claude-François Achard, et a été un moteur pour l'approfondissement sincère que j'ai réalisé en pratiquant le rite Anglais style Emulation bien avant, durant et après mon premier Vénéralat.

Permettez-moi toutefois de profiter de cette lettre que je vous écris pour vous partager un secret de chercheur en Franc-maçonnerie : « Ne croyez jamais rien de ce que vous lirez ».

Ceci peut paraitre surprenant, mais il est très important que vous preniez l'habitude de remettre en question tout ce que vous lirez sur la Franc-maçonnerie.

C'est ce que l'on m'a appris, et c'est ce que j'ai envie de vous transmettre.

En effet, la Franc-maçonnerie a cette particularité que, contrairement à ce que le grand public s'imagine, il n'y a pas UNE Franc-maçonnerie unifiée, mais une mosaïque de pratiques, de rituels, d'obédiences, de sensibilités.

Obédiences adogmatiques, dogmatiques, libérales, traditionnelles; loges sociétales, philosophiques, historiques, d'études et de recherches…

Dix ans ne m'ont pas suffi pour saisir toutes les subtilités du paysage maçonnique français et mondial.

Alors si vous n'avez pas autant de temps à y consacrer, faites-vous une faveur : posez vous déjà la question de savoir de quelle tradition rituellique l'auteur fait partie.

Vous le verrez au fil de vos recherches, les interprétations des exégèses sur le sujet dépendent souvent du rite que l'auteur pratique.

Il convient donc de toujours remettre en question ce qui est écrit.

Combien d'apprentis ont ainsi réalisé des planches en affirmant des éléments qu'ils ne maitrisaient pas et qui ne s'appliquaient pas à leur rite…

Pour autant, de nombreux auteurs ont une grande connaissance de la Franc-maçonnerie de manière globale et cette question ne se pose absolument pas pour eux. On peut ainsi citer des auteurs comme Pierre Mollier, René Désaguliers, René Dachez… Lisez-les en confiance.

Marchant d'un pas maladroit dans leurs traces de géants, cet ouvrage se veut libéré de toute tradition spécifique.

Vous lirez ainsi des questions et des réponses généralistes, qui sont valables dans toutes les obédiences, à tous les rites, et pour toute les Loges.

Vous le verrez, cet ouvrage a été écrit afin de vous mettre sur le chemin, de répondre à vos premiers questionnements, et de vous donner envie de continuer à chercher par vous-même.

Rédigé au départ comme un « Guide du profane » pour la Loge que j'ai modestement aidé à cofonder, et qui a grandi par la seule volonté de ses membres, il s'est imposé comme un document central qui, telle une étincelle, a affermi leur détermination à rejoindre la Franc-maçonnerie et cette Respectable Loge en particulier.

Pourtant, permettez-moi d'être très clair et clivant : nul n'a besoin de vous en Franc-maçonnerie. Vous y serez très bien accueilli(e), mais cet ouvrage n'a absolument pas vocation de vous convaincre à entrer dans notre Ordre.

Il s'agit de répondre simplement, avec sincérité, à toutes les premières questions que vous pourriez vous poser, ou que l'on pourrait vous poser.

Ces questions ne sortent pas pour autant de nulle part. Elles sont le fruit d'un travail de compilation de plus de 10 ans de présence sur les réseaux sociaux et en Loges.

Toutes ces questions je les ai vues être posées, il est donc légitime de se les poser et je vous encourage à toujours vous poser des questions lorsque vous évoquerez la Franc-maçonnerie.

Ceci étant dit, peut-être lirez-vous cet ouvrage en ayant des idées préconçues sur la Franc-maçonnerie.
Peut-être ne serez-vous pas d'accord avec tout ce qui vous sera présenté.
Peut-être aurez-vous de nouvelles questions qui ne sont pas développées dans l'ouvrage.
Peut-être voudrez-vous pousser la discussion plus loin.

Pour tout ceci, je vous invite à me contacter à l'adresse :

herve@apprentiperdu.fr

GENERALITES

1 QU'EST-CE QUE LA FRANC-MAÇONNERIE ?

La définition la plus officielle est : la franc-maçonnerie est un système particulier de morale, caché sous des allégories et illustré par des symboles.

Vous comprendrez aisément à la lecture de ceci la raison pour laquelle il existe autant de définitions de la franc-maçonnerie qu'il y a de francs-maçons. Pourtant, il est possible de lister des dénominateurs communs afin d'en retirer une définition un peu plus claire.

Tout d'abord, il s'agit de l'une des plus anciennes et importantes organisations qui soit non-religieuse, non politique, et dont la vocation est la pratique d'activités fraternelles et caritatives.

C'est un lieu de rencontre amical pour des hommes et des femmes de bonne moralité afin d'acquérir des compétences relationnelles, de se faire des amitiés durables, et d'atteindre le potentiel qui sommeille en chacun d'eux. Mais surtout, c'est une occasion de prendre du plaisir à réaliser tout ceci.

Pour le plus grand nombre de ceux que vous pourrez interroger, son plus grand attrait est le fait que les francs-maçons viennent de tous les horizons, de toutes les couches socio-professionnelles et se rencontrent pourtant toutes et tous comme égaux quelle que soit leur origine, leur religion ou leur profession.

C'est également un lieu d'échanges de points de vue par des discussions respectueuses de la parole de chacun. Ainsi, la franc-maçonnerie est considérée par celles et ceux qui la pratiquent comme un lieu d'harmonie ouvert qui permet de libérer ses pensées en toute tranquillité. L'actualité le démontre, ceci est un élément rare dans notre vie contemporaine.

Egalement, les francs-maçons sont des citoyen(ne)s respectueux(se) des principes fondamentaux de la République française et de ses valeurs. Ces fondamentaux sont renforcés par un enseignement appris par des textes transmis depuis plusieurs siècles sous le nom de « rituels » et qui prennent la forme de sortes de pièces de théâtre en un acte, menant à augmenter l'estime et la confiance en soi. Ainsi, vous l'aurez compris, c'est un voyage personnel à la découverte de soi, à travers une progression par différents pas, symbolisés par des « grades ». Cette évolution personnelle permet alors une meilleure compréhension de soi, du monde qui nous entoure et nous aide à nous placer face à nos responsabilités.

Enfin, la franc-maçonnerie ne permet pas de juger

les croyances religieuses ; n'offre aucun avantage monétaire d'aucune sorte : mais elle prend en charge des œuvres de bienfaisance maçonniques ou non maçonniques.

Si tout ce qui vous a été exposé dans cette première réponse ne vous convient pas, vous gêne, ou vous dérange, nous vous remercions de fermer cette présentation car vous ne vous sentirez pas à l'aise parmi nous.

Si vous trouvez qu'une telle activité mérite votre intérêt, continuons.

2 QUEL EST LE BUT DE LA FRANC-MAÇONNERIE?

Si vous cherchez richesse et gloire, vous allez être déçu(e). La franc-maçonnerie ne vous apportera rien de ceci.

Le but premier de la franc-maçonnerie est d'offrir à ses membres les outils philosophiques et moraux afin de construire des êtres humains en mesure de bâtir une société meilleure.

Historiquement parlant, la franc-maçonnerie a été également un moyen à l'époque dite « Moderne » (du XVIè au XVIIIès.) de permettre à des hommes de se réunir sans différences d'opinions politiques et religieuse, alors même que, dans le monde extérieur, régnait l'intolérance et la tourmente. N'oublions pas ainsi que la franc-maçonnerie des origines est un mouvement britannique aux origines écossaises qui est apparu dans un contexte de troubles civils.

Dans ce contexte, la franc-maçonnerie offrait un lieu exceptionnel pour promouvoir la tolérance et construire les prémices d'un monde meilleur dans la coutume de leur temps : en utilisant allégories et symbolisme pour transmettre leurs principes et leurs idées.

Cherchant à bâtir ce monde meilleur, ces hommes d'alors ont utilisé les formes et les usages de l'artisanat des constructeurs de bâtiments ainsi que leurs outils comme emblèmes illustrant leurs principes.

Nous y reviendrons.

3 QUE M'APPORTERA LA FRANC-MAÇONNERIE?

La franc-maçonnerie ne vous apportera ni richesse, ni gloire, ni avantages pécuniers de quelque sorte. Nous vous l'avons dit. Alors pour quelles raisons des hommes et des femmes peuvent bien se réunir depuis des siècles?

Chacun a sa propre raison pour devenir franc-maçon(ne), mais en voici quelques-unes. Nous sommes certains que vous y trouverez les vôtres.

Tout d'abord, **la fraternité**. Vous le découvrirez par vous-même, vous allez rencontrer des inconnu(e)s, de tous âges, de tous milieux sociaux, qui vous considéreront pourtant comme des proches, et ce, sans aucun intérêt. Seule leur suffira la certitude que, comme eux, vous êtes passé entre les mailles de ce que l'on nomme « l'initiation ».

L'enseignement. Vous apprendrez ainsi de vos semblables et mentors par la pratique des rituels et par la réflexion que vos discussions vous amèneront à avoir.

La connaissance. Tous ces savoirs se révèleront être des outils pour approcher le monde qui vous entoure de manière diffénte. Vous pourrez ainsi plus facilement considérer les différents niveaux de réalité de notre vie contemporaine, mais aussi de notre Histoire et de nos mystères.

La réalisation de soi. Devenir franc-maçon(ne) c'est prendre quelqu'un de bon, et le rendre meilleur. En franchissant les différents échelons vous conduisant au poste de Vénérable Maître de votre loge, vous constaterez très probablement, que tout ce qui était bancal dans votre vie s'est effondré, et que tout ce qui était construit sur des bases solides s'est affermi.

La pratique de la bienfaisance. C'est en tout cas ce que nous espérons pour vous.

4 COMMENT PUIS-JE DEVENIR MEMBRE?

Tout d'abord, il faut avoir l'âge requis par la Loge qui va vous accueillir. Celui-ci dépend de différentes choses, notamment si, par exemple, vous êtes vous-même fils ou fille de franc-maçon(ne). Mais généralement, l'âge de 21 ans est un bon âge de départ pour accepter une candidature. Certaines obédiences acceptent toutefois des initiations à 18 ans.

Pour devenir membre, il faut en tout cas en avoir envie tout d'abord. Nous nous assurerons ainsi que vous entamez cette démarche de votre propre volonté et consentement. Toutefois, vous pouvez avoir été amené(e) à considérer votre entrée en franc-maçonnerie à la suite de la suggestion d'un(e) ami(e), d'un(e) collègue de bureau, ou d'un membre de votre famille. Cela ne pose aucun souci.

Si tel est le cas, cette personne sera votre parrain, ou votre marraine dans votre démarche. Ainsi, à lui ou elle de vous apporter les premières réponses aux interrogations qui peuvent naître en vous. Le fait que vous ayez reçu ce livret en est d'ailleurs la preuve. Nous espérons ainsi qu'il saura vous être utile.

Vous pouvez également contacter une obédience

par le biais d'un site internet, et auquel cas un parrain ou une marraine symbolique vous sera attribué. N'hésitez pas à lui poser toutes les questions nécessaires.

Si à la suite de vos questions, vous vous sentez raffermi(e) dans votre choix, ou bien si, au contraire, vous avez d'autres questions, il vous faudra candidater pour signaler votre intention ou bien votre volonté de poser d'autres questions. Ceci peut se faire par votre parrain, ou par la personne qui vous en a parlé.

Il ou elle établira avec vous un rendez-vous. Celui-ci peut se dérouler dans un restaurant, un café, ou n'importe quel endroit public ou vous vous sentirez à l'aise.

A l'issue de ceci, un rapport sera rédigé sur l'entretien par la personne ou les personnes qui vous auront rencontré, et celui-ci sera présenté à la Loge (ensemble des frères et/ou des sœurs d'un atelier). Si l'avis est favorable, ils conviendront alors ensemble d'un autre rendez-vous, qui se déroulera, cette fois, idéalement à votre domicile, et en présence de votre conjoint(e) ou époux(se).

Il est en effet très important pour la personne qui partage votre vie de savoir qui sont ces personnes avec qui vous allez parcourir un chemin spirituel, mais également, il est très important pour nous de nous assurer qu'il ou elle accepte votre choix.

A la suite de quoi, un nouveau rapport sera établi, et nous vous communiquerons nos conclusions.

Si votre candidature est acceptée, un long temps se fera et vous serez contacté(e) pour généralement répondre à quelques autres questions de la part de la Loge.

Bien évidemment, si ceci convient, vous aurez alors à remplir des documents et à fournir un extrait de casier judiciaire vierge de moins de 3 mois. En effet, la franc-maçonnerie permettant d'offrir un cadre spirituel de personnes de bonne volonté, mais également de bonne compagnie, avoir un casier judiciaire vierge fait partie des prérequis, mais nous développerons ceci plus loin.

5 QU'ATTEND-ON DE MOI UNE FOIS APPRENTI?

Tout d'abord, il vous sera demandé de l'assiduité. C'est-à-dire de vous présenter à chacune des convocations qui vous seront adressées pour les tenues (réunions). En effet, la franc-maçonnerie est avant tout un travail sur vous-même qui nécessite un investissement personnel. Venir deux fois par mois aux tenues vous permettra de découvrir de nouvelles informations, de réfléchir à de nouveaux sujets, et vous permettra ainsi d'avancer sur la voie de votre développement personnel à votre rythme.

Vous le verrez, il arrivera que vous soyez fatigué(e) à cause de votre travail ou de vos obligations familiales. Le premier réflexe est de se dire que la fatigue prime et que manquer une tenue n'est pas bien grave.

Or, il s'avère que si. Car, hormis le fait bien évidemment que vous avez prêté serment, la paresse mène toujours au détachement, et le détachement à l'absentéisme chronique. Celui-ci mène alors au décrochage, et en un tournemain, sans vous en apercevoir, vous vous déconnecterez de votre loge, de vos frères et/ou de vos sœurs, et de la franc-maçonnerie.

Parfois, lorsque la fatigue vient, il convient de se dire que la nourriture spirituelle que vous retirerez de la pratique en Loge sera un baume sur vos plaies, et vous permettra, ensuite, de pouvoir traverser les tourments de la vie plus facilement.

Cependant, pour entrer en franc-maçonnerie, il faut être un homme ou une femme libre. Ainsi, si vous considérez, après avoir été initié(e), que ce chemin n'est pas fait pour vous, n'hésitez pas à nous le dire. Votre parrain/marraine (ou le Mentor de la Loge) sont ainsi des partenaires privilégiés pour échanger sur vos doutes et vos interrogations et éventuellement vous rassurer ou vous aider à comprendre cet environnement dépaysant.

Conservez néanmoins en tête que si votre décision est prise, il est fort discourtois de simplement ne plus venir sans avertir qui que ce soit. Car les frères et les sœurs de votre atelier, voyant que vous ne venez plus, aurons le premier réflexe de s'inquiéter pour vous. De manière courtoise, il convient donc de signifier vos doutes par un simple e-mail.

Rassurez-vous, jamais personne n'a été forcé de rester en franc-maçonnerie. Nous préférons toujours vous savoir heureux sans nous, que malheureux avec nous. Car si vous ne voyez plus l'intérêt de rester en franc-maçonnerie pour vous, nous continuerons, pour notre part, de continuer à profiter des enseignements qui sont dispensés aux différents grades et serons ainsi ravis que vous trouviez la voie correspondant le plus à vos attentes.

Il est ainsi plus facile de quitter la franc-maçonnerie que d'y rentrer.

SUR LA RELIGION

6 LA FRANC-MAÇONNERIE EST-ELLE UNE RELIGION?

Non. Elle ne l'a jamais été, et ne le sera jamais. Prétendre le contraire serait, au mieux de l'affabulation, au pire de la tromperie. Il n'y a ainsi aucune vérité divine révélée et nous ne parlons d'ailleurs pas religion en Loge.

Il existe des obédiences qui acceptent tout à fait le principe de ne pas croire en Dieu.

Dans d'autres, la croyance en un Dieu est un prérequis.

Dans d'autres encore, il suffit de croire à un principe fondateur (comme le Big Bang) qui a crée toute chose et que nous ne comprenons pas.

Généralement, ce principe plus grand que soit est évoqué durant les cérémonies, que ce soit en tant qu'entité ou en tant que symbole. Mais rien de surprenant à cela si l'on considère l'Histoire de la naissance de la franc-maçonnerie à une époque où il n'y avait pas d'autre choix que de croire en Dieu. Il est donc logique que ceci soit évoqué.

Nos cérémonies sont ainsi basées sur des histoires mythologiques en rapport avec des évènements de la Bible. Notamment la construction du Temple du Roi Salomon par exemple. Ainsi, cet épisode de l'Histoire hébraïque ne lie pas pour autant la franc-maçonnerie avec cette religion. Elle sert de prétexte à la transmission d'un message que l'histoire racontée va rendre intelligible.

Lorsque Dieu est évoqué en franc-maçonnerie c'est pour être accepté en des termes sur lesquels tous peuvent tomber d'accord.

Il existe ainsi des croyants, des athées et des agnostiques. Nous nous respectons mutuellement, et si vous pensez que cette croyance est un frein à votre développement spirituel, nous n'avons pas à le comprendre, mais à l'accepter. Nous vous indiquerons alors comment faire pour vous épanouir à leur contact.

Ceci dit, bien que la franc-maçonnerie ne soit pas une religion, sachez qu'elle encourage la pratique individuelle des vertus qu'elles professent comme par exemple la Charité pour tous ceux et toutes celles qui le souhaitent. Sans les y obliger. Vu que chacun est libre de penser et de faire comme les lois de la République Française l'ordonnent avec sagesse.

7 QUELLE RELATION LA FRANC-MAÇONNERIE ENTRETIENT-ELLE AVEC LA RELIGION? EST-ELLE EN CONCURRENCE?

Non. La franc-maçonnerie est, rappelons-le, un système particulier de moralité, voilé dans l'allégorie et illustré par des symboles. Ce n'est pas une religion et elle n'a aucune vocation à entrer en concurrence avec quelque religion ou croyance que ce soit.

Nous ne vous révèlerons, à quelque grade que ce soit, jamais aucun message divin vous donnant une mission pour votre vie. Ceci n'est pas notre rôle, nous ne sommes pas une secte.

Par ailleurs, si vous vous attendez à de grandes révélations magiques, à de la sorcellerie, ou à des sacrifices de poulets, de bébés ou de licornes, vous allez être déçu(e)s.

Nous y reviendrons.

8 PUIS-JE ETRE FRANC-MAÇON(NE) EN ETANT ATHEE OU AGNOSTIQUE?

Vous pouvez être athée pour entrer en franc-maçonnerie, mais pas dans toutes les obédiences.

Car être athée signifie qu'après un examen de conscience poussé, vous avez déterminé, avec une certitude absolue, et sans aucun doute possible, qu'il n'existe aucune puissance de quelque nature que ce soit qui ait créé l'univers.

Ceci est une réflexion très sérieuse et qui nécessite une grande confiance dans son propre jugement pour déterminer qu'il est impossible que quelque chose qui est plus grand que nous, et donc, que nous ne pouvons saisir entièrement, n'existe pas.

Si toutefois, malgré votre absence de croyance, vous n'êtes pas si catégorique, et laissez la place au doute, vous êtes probablement « agnostique ». C'est-à-dire que vous ne savez pas si Dieu existe, mais vous ne savez pas non plus s'il n'existe pas. Une expression consacrée dit que vous êtes « de la religion sur laquelle tous les Hommes sont d'accord », à savoir celle de l'acceptation d'un principe créateur plus grand que soi mais que l'on ne connait pas.

Si votre démarche intérieure correspond à cela, sachez que de nombreux francs-maçons sont entrés en étant dans le doute. Certains l'ont quitté en étant toujours dans le doute, et d'autres en étant devenus de fervents croyants.

Toutes les situations sont possibles.

9 PUIS-JE ETRE FRANC-MAÇON(NE) EN ETANT PROTESTANT, CATHOLIQUE, JUIF, MUSULMAN, HINDOU, SIKHS, ETC?

Tout à fait. Vous êtes libre aussi d'être pratiquant(e), ou pas.

Rien n'a jamais interdit, à quelque homme ou femme que ce soit, et ce dans aucun volume de la Loi Sacrée de devenir franc-maçon(ne). La raison en est très simple : la franc-maçonnerie n'existait pas à ces époques-là.

Toutefois, pour certains croyants, certains rites dits « chrétiens » peuvent poser souci. Exemple : Le Régime Ecossais Rectifié (qui n'a rien à voir avec l'Ecosse, mais avec une culture chrétienne catholique de la franc-maçonnerie par exemple).

Par contre, il est vrai que certaines églises et religieux ont un souci avec la franc-maçonnerie. Nous le verrons plus en détail dans un des points suivants.

10 POURQUOI APPELEZ-VOUS LA BIBLE : LE VOLUME DE LA LOI SACREE?

Sur toute la surface du globe il y a des francs-maçons. Mais tous ne sont pas chrétiens.

Ainsi, leur parler de la Bible ne les concernera pas dans leur relation avec le divin.

Le terme de « Volume de la Loi Sacrée » (VLS) est donc le meilleur moyen de parler d'un livre contenant des révélations divines..

11 POURQUOI APPELEZ-VOUS DIEU : LE GRAND ARCHITECTE DE L'UNIVERS?

Pour la même raison que précédemment. Il s'agit d'un terme générique employé dès les premiers temps de la franc-maçonnerie pour marquer le degré de respect dans les croyances de chacun(e).

Ce n'est donc pas un dieu révéré par les seuls francs-maçon(ne)s ou bien la tentative de réunir plusieurs dieux dans un seul. Loin de là.

Vous avez votre dieu. La personne à côté de vous a le sien. Vous le respectez, et vous pouvez ainsi tenter de comprendre la raison de votre présence sur terre, ensemble, en ôtant tous les désagréments, les confusions et les rancœurs qui pourraient naître lors de cela.

12 POURQUOI CERTAINES EGLISES N'AIMENT PAS LA FRANC-MAÇONNERIE?

Nous l'avons dit, la franc-maçonnerie accepte tous les hommes et toutes les femmes qu'importe leurs croyances. Ce n'est pas le cas de toutes les instances dirigeantes de cultes.

Ainsi, certains Eglises par exemple ne supportent pas ce qu'elles nomment du « relativisme » ou du « tolérantisme » au niveau religieux. Le relativisme religieux correspond à l'idée que toutes les religions se valent, et qu'aucune ne détient de vérité absolue. Ce qui, vous l'aurez noté, est l'idée principal du respect religieux en franc-maçonnerie.

Pour ces Églises, il s'agit d'une certaine forme de scepticisme ou de subjectivisme qui amène obligatoirement à l'athéisme. Et l'athéisme conduit inexorablement à la damnation de l'âme pour ces religions.

Alors qu'en réalité, en franc-maçonnerie, nous apprenons que douter, c'est aussi se donner la possibilité de raffermir son opinion. Cela s'est déjà produit, et cela se produira encore tant que la franc-maçonnerie existera. Mais ceci explique pourquoi certaines Églises interdisent ou déconseillent la pratique de la franc-maçonnerie. En France, vient aussi le fait de l'Histoire. En effet, dans les années 1730, lorsque la franc-maçonnerie s'est implantée dans le Royaume de France, l'Église catholique faisait partie intégrante du pouvoir royal. Ainsi, lorsque cette société de la franc-maçonnerie, dont les membres cachaient jalousement leur appartenance, commença à recruter d'éminents membres de l'aristocratie, le pouvoir royal, par l'intermédiaire du cardinal de Fleury (Premier ministre de Louis XV) s'inquiéta du danger. En effet, n'oublions pas que les relations entre la France et l'Angleterre n'étaient pas idéales depuis de nombreux siècles, et qu'une association d'hommes anglais se mettant à recruter en leur sein des personnes haut placées au sein de la noblesse française était, pour lui, source de troubles potentiels à l'ordre public.

En cause : le secret, le serment et le tolérantisme, mais ceci, nous l'avons déjà développé.

HISTOIRE ET SOCIETE

13 COMMENT ET OU LA FRANC-MAÇONNERIE A-T-ELLE DEBUTE?

De quelle « franc-maçonnerie » parlons-nous? En effet, il faut savoir faire la différence entre la franc-maçonnerie dite « opérative » composée d'hommes travaillant physiquement la pierre sur les chantiers, et la franc-maçonnerie dite « spéculative » où les outils sont symboliques et permettent de transmettre un enseignement qui s'est étoffé au fil des siècles.

Si l'on parle de la franc-maçonnerie « opérative », elle provient d'Ecosse, ou, en tout cas, la somme des sources textuelles qui nous est arrivé jusqu'à ce jour indique qu'elle provient d'Ecosse.

Le passage toutefois d'une maçonnerie « opérative » à une maçonnerie « spéculative » fait néanmoins couler beaucoup d'encre depuis des siècles. Vous ne le savez pas encore, mais il s'agit d'un débat acharné entre spécialistes plus ou moins autoproclamés, qui ne peut finir que par une seule conclusion : nous n'avons pas suffisamment de sources pour tirer une chronologie générale satisfaisante.

Gardez-juste en mémoire que la franc-maçonnerie des origines provient d'une tradition que l'on nomme la transmission du « Mot du Maçon » et qui était en réalité la cérémonie à laquelle un Apprenti-Compagnon recevait un mot afin de pouvoir se rendre sur n'importe quel chantier et réclamer le salaire dû aux compétences qui étaient les siennes.

Grâce à ceci, les tailleurs de pierre, organisés en Loge, pouvaient ainsi réglementer le travail dans une ville ou une région, et constituer également ce que l'on nommait une « common box » et qui n'était rien de moins que la première tentative d'un fond commun à destination des malades dans l'incapacité de travailler ou des veuves. Mais ceci est encore une autre histoire.
.

14 LA FRANC-MAÇONNERIE EST-ELLE RELIEE AUX GUILDES MEDIEVALES?

Autant que l'invention de la roue est liée à l'invention de l'automobile. L'une a existé avant l'autre, l'autre a existé grâce à la première, mais les deux n'ont pas de rapport direct hormis les légendes que l'on souhaite inventer pour les relier.

Il est vrai néanmoins que la symbolique utilisée et les plus anciens statuts régulant l'activité des tailleurs de pierre du Haut Moyen-Âge ont été repris dans les légendes et les règlements maçonniques.

Ainsi, ce que l'on nomme « les Anciens Devoirs » et que votre Mentor/Parrain vous expliquera très probablement, sont des ensembles de règles et de devoirs que tout franc-maçon opératif se devait d'observer.

15 LA FRANC-MAÇONNERIE EST-ELLE RELIEE AUX TEMPLIERS ?

Absolument aucun rapport, mais il a été dans l'intérêt de nombreux frères de s'inventer cette filiation afin de justifier une prétendue succession immémoriale millénaire.

Toutefois, de manière triviale et impertinente, on peut dire que s'appeler « de garenne » n'a jamais rendu noble un lapin.

Attention toutefois, vous le découvrirez, certains frères et sœurs ne seront pas du tout d'accord avec les deux précédents paragraphes.

Il m'a ainsi été dit très récemment à l'évocation d'un tel sujet : « Pourquoi dénigres-tu notre Ordre ?! ». Je ne compris cette question qu'en réalisant que le très aimé frère qui venait me voir était en fait partisan de la théorie d'une filiation templière.

Ceci allait donc à l'encontre de ses croyances, et provoquait chez lui une réaction épidermique intense.

Nous discutâmes, chacun restant au final sur sa position, mais ayant appris l'un de l'autre, nous nous quittèrent bons amis.

En désaccord, mais dans le respect.

16 QUELS SONT LES LIENS ENTRE LA FRANC-MAÇONNERIE ET LA POLITIQUE?

Dans le cadre maçonnique, il est généralement de bon ton de ne pas discuter politique. Pour cela il y a de très bons partis politiques en France. Ils le font bien mieux que nous. Laissons-les enrichir le débat dans leur sein.

Toutefois, certaines obédiences sont, dirons-nous, poreuses, aux discussions de ce genre en rapport avec la société.

Certaines obédiences font ainsi amorcer dans les Loges des discussions sociétales sur de grands sujets.

Ceux-ci sont alors remontés à des commissions qui font des rapports.

Ceux-ci sont alors remontés à des préfets, des secrétaires d'État, des ministres.

Ceux-ci s'en servent alors pour caler des tables, des guéridons ou pour nourrir des broyeuses à papier.

Enfin, ceci est une vision personnelle.

Comme vous l'aurez compris, j'aime me faire des amis.

17 ETRE FRANC-MAÇON(NE) DONNE-T-IL DES PASSE-DROITS A L'EMBAUCHE, DANS LES PROMOTIONS OU BIEN DANS L'ATTRIBUTION DE CONTRATS?

Heureusement non! Et quiconque serait surpris à pratiquer ce genre d'actions serait immédiatement radié dans les obédiences sérieuses.

Vous le découvrirez d'ailleurs lors de votre initiation, de telles pratiques sont sévèrement réprimées au sein de la franc-maçonnerie. Toutefois, et les manchettes judiciaires l'ont prouvé, parfois, un vers se glisse dans le fruit. Celui-ci pourrit alors, et tombe loin de l'arbre.

N'espérez donc recevoir aucun avantage matériel en devenant membre de la franc-maçonnerie. Vous seriez déçu(e) et aussi amer que le goût de nos regrets envers votre conception de ce que nous tenons en haute estime.

CURIEUSES HABITUDES

18 QUELLE EST CETTE HISTOIRE DE «GRADES»?

La franc-maçonnerie anglaise est constituée de trois grades.

Retenez simplement que lorsque vous serez reçu parmi nous, vous serez un(e) Apprenti(e). Les anglais préconisent que vous le restiez au minimum 4 semaines, dans certaines obédiences ceci peut durer jusqu'à 6 ans…

Dans la réalité, un Apprenti reste en moyenne deux ans apprenti.

Lorsque vous aurez, selon l'expression consacré « fait votre temps », vous serez Passé(e) Compagnon du Métier.

Deux ans plus tard, vous serez « élevé(e) » Maître.

Ces trois stades sont une sorte d'allégorie des trois âges de la vie, en passant de l'obscurité à la sagesse. Toutefois, rassurez-vous, loin de nous l'idée de vous abreuver d'une logorrhée digne des plus grands « symbolico-maniaques ».

19 QUE SE PASSE-T-IL DANS UNE TENUE?

Une tenue est une sorte de performance théâtrale où les spectateurs sont acteurs de la pièce. Le texte que nous suivons se nomme un « rituel » et il décrit des « cérémonies » qui nécessitent des objets maçonniques que nous pouvons nommer « décors ; meubles ; ornements ».

Cette tenue est suivie d'un diner que nous nommons « agapes » et qui sont aussi codifiées par des « usages de table » afin que nous puissions permettre au repas de se dérouler sereinement.

Lors de ces agapes, nous portons des « santés » qui sont en fait des toasts, comme par exemple la santé de la République Française.

Une tenue et ses agapes durent généralement 4h, mais vous le verrez par vous-même, les frères et les sœurs, s'ils le peuvent, apprécient de venir plus tôt afin de profiter encore plus de leur soirée. Ce qui, si on le compare au milieu associatif ou professionnel, est quelque chose d'assez rare ne trouvez-vous pas?

20 QUELLE EST CETTE FAMEUSE POIGNEE DE MAIN DONT ON PARLE SOUVENT?

Les légendes urbaines racontent que les francs-maçons se reconnaissent à la manière dont ils ont de se serrer la main. Ce pouvait être vrai il y a 300 ans. Ce n'est plus le cas.

Toutefois, cet élément du folklore maçonnique reste vrai durant les cérémonies, comme l'initiation, où une poignée de main vous donnera droit d'obtenir quelque chose d'immatériel.

Protéger le secret de la manière dont cette poignée de main se donne, vous donnera, vous le verrez, la désagréable sensation de ne plus vous souvenir comment cela est fait dès le lendemain. Il s'agit en fait d'un élément du rituel que l'on oublie facilement immédiatement après l'avoir réalisé.

Cela fait donc partie des traditions et du folklore. C'est donc inestimable.

21 POURQUOI PORTEZ-VOUS UN TABLIER ET DES GANTS?

Les tailleurs de pierre du Moyen-Âge ne sont jamais représentés sur les illustrations portant des gants. En réalité, cette tradition est une invention symbolique qui est probablement une contamination historique d'autres traditions. Ainsi, lors d'un sacre royal en Europe de l'Ouest, une paire de gants était souvent remise aux futurs rois.

Pour le tablier, celui-ci fut figé en Angleterre au début du XIX ès, après 1813 (date importante qui nécessiterait des heures de discussions).

Retenez simplement que le tablier et les gants symbolisent la pureté qui doit toujours être la vôtre dans vos paroles comme dans vos actes.

22 Y A-T-IL PLUSIEURS RITES EN FRANC-MAÇONNERIE?

Une dizaine de rites sont majoritaires en France.

Permettez-nous de préciser un élément important à cette occasion :

Un rituel est la fixation par écrit d'une cérémonie (initiation, passage de Compagnon, élévation de Maître, etc).

L'ensemble des rituels, donc des textes de cérémonies, se nomme le « rite ».

Aucun n'est meilleur ni moins bon que les autres. Ils sont tous différents et leur complémentarité fait la richesse de la franc-maçonnerie française.

Citons ainsi les différents rites français (Groussier, Moderne Français Traditionnel, etc), les rites « écossais » (Rite Ecossais Ancien et Accepté, Rite Standard d'Ecosse, etc), les rites « égyptiens » (Memphis-Misraïm, etc), le Régime Ecossais Rectifié, le rite Anglais style Emulation, le rite Source et Lumière, le rite d'York, et tellement d'autres.

Faisons simple, et dites-vous que pour expliquer ceci, il faudrait prendre l'exemple de franchises cinématographiques. De manière triviale, l'univers de

Star Wars et du Seigneur des Anneaux n'a rien à voir. Pourtant ce sont deux voyages initiatiques qui possèdent leurs univers propres.

Par ailleurs, les Anglais ont une tendance totalement différente. Il n'existe qu'un seul rite, mais avec des libertés de réalisation que l'on nomme des « styles » (en anglais « workings »). Ainsi, ce sont plus de 100 workings différents qui ont pu être listés par les historiens depuis 1813. Certains « styles » n'étant pratiqués par exemple que par une seule Loge, et se caractérisant par des subtilités sur certaines paroles ou la réalisation de certaines actions.

Du détail. La franc-maçonnerie n'est que du détail poussé à son paroxysme.

THEORIES DU COMPLOT

23 LA FRANC-MAÇONNERIE EST-ELLE UNE SOCIETE SECRÈTE? UNE SECTE?

Ni l'une. Ni l'autre.

Nous apprécions la discrétion et gardons secret la manière de nous rejoindre. C'est vrai.

Nous avons des termes étranges comme « Grand Maître », « Initiation », « Rituel », « Circumambulations ». C'est vrai.

Toutefois, précisons-le, « Circumambulations » est assez peu utilisé spontanément dans la bouche des francs-maçons.

Tout ceci s'explique cependant par le fait que nous nous passons une mosaïque de traditions depuis 300 ans (et encore, pas de manière parfaite, car la « Tradition » maçonnique a évolué selon les pays et les époques).

Mais une chose est sûre : la franc-maçonnerie n'est pas une secte.

On le dit souvent aux « profanes » (non membres) lorsque ceux-ci nous posent la question : dans une secte, il est très facile de la rejoindre, mais très difficile d'en sortir.

Dans une secte, on vous dit quoi penser, quoi dire, et qui voir.

Dans une secte on vous empêche de vous mêler au monde extérieur.

La franc-maçonnerie c'est juste l'inverse.

Vous pensez ce que vous voulez. Vous venez si vous voulez. Et surtout, surtout, vous vous ouvrez au monde! Le but de la franc-maçonnerie est d'aider des bonnes personnes à devenir de meilleures personnes encore pour que le monde en profite.

De plus, en franc-maçonnerie, il est très long et difficile d'y entrer, mais très facile d'en sortir : il suffit de ne plus y venir en nous ayant averti des raisons de votre départ.

Encore que… il suffirait presque de ne plus venir si l'on est discourtois… et ça serait fini de votre appartenance à une Loge.

Personne ne vous forcera à rester dans une Loge. Personne ne vous empêchera de partir.

Les bonnes Loges vous diront « Tu es sûr(e) de ton choix? ».

Et c'est à peu près tout.

Vous êtes libre en y entrant.

Vous êtes libres d'en partir.

En fait vous êtes libre.

Par ailleurs, souvenez-vous d'une chose : c'est vous qui faites le choix de devenir franc-maçon.ne.

Pas nous.

Pour nous, tout au plus, des membres vous ont

proposé de venir parce qu'ils vous apprécient et ils voient en vous les qualités qu'ils apprécient chez eux.

Mais que vous deveniez franc-maçon(ne) ou pas, pour nous… Peu nous importe en vrai…

C'est vous qui ratez quelque chose en ne rentrant pas en franc-maçonnerie. Pas nous…

Par ailleurs…

Ne pas « entrer » en franc-maçonnerie ne signifie pas que ceci vous sera désormais totalement fermé. On peut entrer en franc-maçonnerie à tout âge après 21 ans.

Mais en tout cas, si le chemin spirituel que propose la franc-maçonnerie ne vous plait pas, permettez-nous de vous souhaiter une bonne vie.

Vraiment.

Ps : par contre, si vous pensez que la franc-maçonnerie vous apportera la richesse, vous permettra de découvrir des secrets métaphysiques sur la vie et la mort, ou vous permettra de discuter avec des oiseaux. Par pitié : restez-chez vous! Des « zozothériques » nous en avons déjà. Le quota est plein. Faites-vous plaisir à lancer des Louis d'or sur les cheminées pour essayer de les allumer.

Mais chez vous.

Laissez-nous tranquilles.

Merci.

24 LA FRANC-MAÇONNERIE FAIT-ELLE PARTIE D'UNE CONSPIRATION MONDIALE?

Ni complot mondial, ni conspiration planétaire, ni aucune présence de « reptiliens » chez nous, ni même existence d'une administration à l'échelle mondiale. Vous nous en voyez navrés.

La franc-maçonnerie est une mosaïque d'obédiences (ensembles de loges) éclatée sur la surface de la terre sans aucune organisation commune.

Si toutefois par « conspiration », vous entendez le fait de prendre des hommes et des femmes, et d'essayer de les rendre meilleurs par l'exemple et par la réflexion sur la nature de leur présence sur terre, alors oui, nous complotons activement chaque jour à l'amélioration de l'Humanité.

25 POURQUOI Y-A-T-IL TANT DE THEORIES DU COMPLOT EN RAPPORT AVEC LA FRANC-MAÇONNERIE?

Pour la même raison que les signalements de prétendus « enlèvements » extra-terrestre explosaient jusqu'à la démocratisation des appareils photos sur les téléphones portables, et ensuite, plus rien : les Hommes ont besoin de désigner des coupables afin d'apaiser leurs craintes et leurs sentiments d'impuissance dans une société individualiste et matérialiste.

Créer un ennemi invisible soulage les peurs.

En s'inventant un coupable, l'Homme se dédouane de ses responsabilités individuelles et se victimise.

Il est ainsi plus facile de supporter la fatuité d'une existence plutôt que de tenter d'y trouver un sens.

26 DE QUELLE NATURE SONT LES SECRETS MAÇONNIQUES?

Il y en a deux principaux :
- Le secret de l'initiation (et de ce qui se passe lors des tenues en règle générale.
- Le secret de qui est membre de la franc-maçonnerie (afin de respecter les volontés de chacun).

Il est possible d'y ajoindre un troisième : celui de savoir ce qui se passe durant les réunions de Maîtres. Mais la réalité est que ce secret est surtout une question de logique : un Apprenti ou un Compagnon n'a pas à savoir les tracasseries administratives que la franc-maçonnerie française est capable de créer.

A eux de se concentrer sur leur évolution personnelle, la recherche de ce qu'ils peuvent apporter pour améliorer le monde à leur échelle individuelle.

Sorti de cela, vous ne découvrirez pas le trésor des templiers, de Rennes-le-Château ou les enseignements des Illuminati qui ont disparu dans la deuxième moitié du XVIIIès et qui étaient une société fraternelle initiatique de Bavière.

Nous en sommes désolés pour vous.

27 EST-CE QUE JE METS MA VIE EN DANGER EN PRETANT SERMENT?

Une punition est effectivement prévue et prononcée pour quiconque trahirait ces secrets.

Toutefois, en plusieurs centaines d'années, jamais aucune preuve n'est venue confirmer que qui que ce soit ait eu à la subir. Il s'agit donc d'une punition légendaire à vocation symbolique.

La plus grande des punitions étant, bien évidemment, le déshonneur que vous jetterez sur votre personne et l'opprobre dans laquelle vous mettrez votre nom.

Mais si vous pouvez vivre sereinement avec cela, peut-être n'est-il pas utile pour vous de vous avancer sur le chemin spirituel de la franc-maçonnerie. Nous ne vous en voudrons pas en tout cas.

28 CES RITUELS ET CEREMONIES NE SONT-ILS PAS UN PEU VIEUX-JEU?

La tradition est la vision que chacun a de son passé, et de la représentation des coutumes ancestrales qu'il reconnait. Ainsi, d'une région à l'autre du monde, les traditions sont différentes.

En franc-maçonnerie, il s'agit de la même chose. Hormis le fait que tout franc-maçon(ne) possède un fond commun avec ceux présents à l'autre bout de la terre : celui du symbolisme, de la transmission et des enseignements moraux.

Par exemple au rite anglais de style Emulation, depuis 1823, les enseignements qui ont été transmis n'ont quasiment pas changés. Ceux-ci sont restés intacts et protégés par chacune des générations qui se sont succédées pour les conserver.

D'autres rites modifient continuellement leurs rituels pour l'adapter à l'air du temps.

Ce n'est ni meilleur ni moins bien. C'est une différence qui nous enrichit.

Ainsi, que vous soyez jeune ou âgé, riche ou pauvre, grand ou petit, vous êtes, vous-même, dès le jour de votre initiation, le nouveau porteur de flambeau qui a la possibilité de transmettre aux générations qui vous suivront les enseignements que vous avez reçu.

Et ceci, dans notre société contemporaine, est quelque chose de rare et précieux.

CRITERES D'ADMISSION

29 QUI PEUT DEVENIR FRANC-MAÇON(NE)?

Nous vous avons dressé le cadre général, permettez-nous d'être désormais plus spécifique. En effet, soyons clairs:

Si vous désirez entrer en franc-maçonnerie « pour voir », parce que vous êtes « curieux(se) », faites-vous un cadeau : restez chez vous!

Factuellement, la franc-maçonnerie n'a pas besoin de vous.

Certaines obédiences se font une course aux effectifs, et cherchent à initier sans cesse. C'est une question d'orgueil, d'égos, et d'illusion de Puissance!

En réalité, la franc-maçonnerie n'a pas besoin de qui que ce soit.

La franc-maçonnerie est un système de pensée intellectuelle qui a à offrir, mais qui ne demande rien en retour à part de l'assiduité, du travail personnel et d'avoir les moyens de pouvoir le faire (une cotisation annuelle pour la Loge, une autre pour l'obédience nationale, un budget pour les repas à la fin des tenues et tous les frais annexes liés aux déplacements et aux achats de matériel spécifique tels que des gants blancs, des médailles, etc nous y reviendrons).

Il existe des obédiences (ensemble de Loges) où il n'y a que des hommes, d'autres que des femmes, d'autres sont mixtes.

L'essentiel pour entrer en franc-maçonnerie est que vous ne vous fassiez pas d'illusion: vous ne deviendrez pas riche, vous ne recevrez pas de mystérieux secrets sur la construction des pyramides, de l'ordre des templiers, ou sur la meilleure manière de faire une crème Chantilly inratable!

La franc-maçonnerie exige que vous soyez libre de corps et d'esprit, que vous y entriez de votre plein gré et consentement, pour prendre un moment hors du temps « profane » afin de réfléchir à ce qui vous tient le plus à cœur : le sens de votre vie.

30 FAUT-IL ETRE RICHE POUR ENTRER EN FRANC-MAÇONNERIE?

Non. Clairement. Et cela ne vous arrivera pas en étant simplement franc-maçon(ne).

Toutefois, il est évident qu'il convient d'être en mesure de s'acquitter de ses cotisations associatives qui s'élèvent (suivant les Loges et les Obédiences) entre 300 et 700€ par an. Ce qui, si on le ramène à la vie de tous les jours, représente la même somme qu'un abonnement annuel à une salle de sport avec les frais de transport et d'équipement par exemple (à ce prix il convient d'ajouter le tarif des repas suivant la tenue qui sont en moyenne de 20-30 euros selon les formules propres à chaque loge).

En tout cas, contrairement à l'imagerie populaire, tous les francs-maçons ne sont pas des capitaines d'entreprise ou des avocats. Vous pourrez ainsi croiser des artistes désargentés, des frères et des sœurs qui rencontrent une période de chômage, des plombiers, des retraités touchant une petite pension, des fonctionnaires non encadrants, des agents de sécurité, des étudiants, etc.

Le seul critère est de ne jamais tenter d'entrer en franc-maçonnerie si vous n'êtes pas déjà en mesure de subvenir aux besoins de votre famille.

En effet, la franc-maçonnerie ne se doit jamais d'être un frein ou un obstacle à vos obligations familiales. Etre en mesure de les respecter est une priorité absolue non négociable qui pourrait motiver un refus pour votre initiation.

31 EST-CE UN CLUB RESERVE AUX PERSONNES RETRAITÉES?

Curieuse idée que celle-là, mais pourtant très répandue à cause du fait que, bien souvent, seuls les frères et les sœurs ayant cessé toute activité professionnelle peuvent se consacrer entièrement à la franc-maçonnerie et se revendiquer comme tels ouvertement sans que cela ne suscite de questionnements.

La moyenne d'âge est généralement élevée en franc-maçonnerie, entre 45 et 65 ans. Toutefois, dans certaines loges peut être inférieur à 45 ans avec des frères et des sœurs ayant été initiés à 25-26 ans.

Tout dépend de chaque Loge, de chaque pays également.

Il est plus utile pour son développement personnel d'y entrer jeune.

A l'inverse, ceci créera potentiellement des difficultés pour concilier vie professionnelle/vie familiale et activité maçonnique.

Tout ceci dépend de la vie de chacun. Parlez-en avec la ou les personnes que vous rencontrerez. C'est important.

32 LA COULEUR DE MA PEAU OU MON ORIGINE SONT-ELLES DES FREINS?

Heureusement non!

En franc-maçonnerie? Jamais. Nulle part désormais.

Car ceci n'était pour autant pas le cas dans les siècles précédents où l'esclavage existait. Depuis, l'obscurantisme a heureusement disparu de nos sociétés dites éclairées.

Toutefois, dans certains pays la franc-maçonnerie peut être pratiquée différemment. Ainsi, aux Etats-Unis d'Amérique, il existe une franc-maçonnerie crée par, et pour, des hommes de couleur et qui se nomme la maçonnerie « Prince Hall ».

Ce n'est pas ainsi que les choses se passent en France où les valeurs de la République Française cimentent les liens entretenus entre les frères et les sœurs de toutes origines et de toutes couleurs de peau.

Et si quelqu'un vous fait la moindre réflexion, dites-le moi. Je fais 1m95 pour 130Kg, j'ai la paluche lourde pour cimenter d'amour fraternel le visage de n'importe qui.

.

33 DOIT-ON DECLARER SON APPARTENANCE A LA FRANC-MAÇONNERIE POUR TRAVAILLER DANS UNE ENTREPRISE OU UNE ADMINISTRATION?

Bien évidemment non! La franc-maçonnerie étant, par essence, une activité morale, la plus grande attention est portée au respect collectif des règles de bienséance en société. Rien ne justifierait donc qu'il faille s'enregistrer comme franc-maçon(ne) avant d'accepter un poste ou une fonction.

Toutefois, ce ne fut pas le cas de tous temps. Ainsi, durant la période de l'occupation allemande, la fantasmagorie nazie et fasciste poussa des personnes à comploter contre la franc-maçonnerie, qu'ils accusaient alors eux-mêmes de complot (sic).

De nos jours, l'extrême droite est toujours friande de ces élans désagréables en prétextant que la franc-maçonnerie serait un terreau propice aux collusions et au favoritisme.

Les manchettes judiciaires démontrent pourtant bien souvent que, justement, ce sont les mouvements d'extrême-droite qui sont les plus fervents candidats au népotisme, au favoritisme et aux escroqueries en tout genre. Peut-être devrions-nous voir ainsi dans ces accusations contre la franc-maçonnerie une mise en accusation par effet miroir? A vous de vous faire votre propre opinion.

En tout cas, soyez rassuré(e), votre seule obligation est envers vous-même et vos frères et sœurs. Car en tant qu'apprenti, vous pouvez librement dire à qui vous voulez votre appartenance maçonnique, mais avez pour obligation de respecter leur décision de se révéler franc-maçon(ne) ou non..

34 QU'ENTENDEZ-VOUS PAR « PRETER SERMENT? »

Lors de votre initiation, vous prêterez un serment devant Dieu ou « Le Grand Architecte De L'Univers » : celui de garder pour vous les mystères et secrets que vous avez reçu durant l'initiation, ainsi que l'appartenance maçonnique de vos frères et/ou de vos sœurs.

Mais pourquoi tous ces secrets alors que nous vous disons qu'il n'y a rien de répréhensible en franc-maçonnerie? Deux raisons à cela.

La première est que, vous le verrez par vous-même, l'initiation est un moment d'une intense émotion. Vous y découvrez l'intégralité de ce qui va se dérouler, au moment où ceci se produit. La surprise est donc totale, et vos émotions en sont décuplées.

Il est donc très gracieux de votre part d'éviter de révéler ce qui se passe durant nos réunions à votre entourage proche, ou éloigné, afin que, si un jour, l'un d'entre eux avait à vivre ces moments, la surprise n'en sera que plus forte.

Par ailleurs, rien ne vous empêchera de révéler à vos proches, ou bien au monde entier, votre appartenance maçonnique. Vous êtes un homme ou une femme libre, ne l'oubliez pas.

Toutefois, certain(e)s de vos frères et sœurs peuvent avoir dans leur entourage des personnes réfractaires à la franc-maçonnerie à la hauteur de leurs préjugés. Ou bien exercer des métiers qui, traditionnellement, nécessitent une discrétion sur ce qui se passe dans leur vie privée. Respecter votre serment, c'est donc les respecter, et vous respecter vous-même.

COMMENT CANDIDATER

35 QUE PUIS-JE LIRE DE PLUS?

Traditionnellement, beaucoup de francs-maçons vous conseilleront de ne rien lire afin de ne pas entamer votre surprise lors de votre initiation. Toutefois, si vous désirez en apprendre un peu plus afin de confirmer votre décision de nous rejoindre, voici quelques ouvrages classés par ordre alphabétique de leurs auteurs :

Philippe Benhamou, Christopher Hodapp, La franc-maçonnerie pour les nuls, Editions First-Gründ, 2008

R. Dachez, A. Bauer, La franc-maçonnerie, Que sais-je? 2014

R. Dachez, Histoire de la franc-maçonnerie française, Que sais-je? 2003

R. Dachez, A. Bauer, Les Rites maçonniques anglo-saxons, Que sais-je? 2011

L. Kupferman, 3 minutes pour comprendre les 50 principes fondamentaux de la franc-maçonnerie. Le Courrier du Livre, 30 nov. 2016.

E. Grégor, La Franc-Maçonnerie n'existe pas. Lâchez-moi le tablier!, THEBOOKEDITION, 2020.

36 A QUI M'ADRESSER ET QUOI FOURNIR?

Votre parrain ou marraine maçonnique est naturellement la personne privilégiée si vous en avez. La personne avec qui vous avez pris contact sur le site internet d'une obédience également.

Dans un premier temps, vous allez rencontrer des frères et/ou des sœurs. Multiplier les rencontres permet de mieux vous connaître et d'évaluer plusieurs éléments. Notamment si « maintenant » est le bon moment pour vous afin de commencer ce chemin spirituel.

Par la suite, il vous sera demandé de remplir des documents administratifs. Rien de bien transcendant, il s'agit d'obtenir vos informations de contact. Vous aurez également à rédiger une lettre de demande adressée au Président l'association, ainsi qu'à fournir un curriculum vitae et un exemplaire de casier judiciaire vierge (qui peut aisément se demander sur internet rassurez-vous).

Mais tout ceci vous sera communiqué ultérieurement plus en détail, si votre candidature a retenu tout l'intérêt possible.

37 QUI VAIS-JE RENCONTRER?

La première des rencontres se fait souvent par l'intermédiaire d'un frère ou d'une sœur qui a détecté en vous les qualités humaines d'un(e) franc-maçon(ne).

Ensuite, au niveau officiel, tout dépend de l'obédience et de la Loge.

Parfois, il convient souvent de rencontrer le Vénérable Maître de la Loge (VM). Le ou la VM est la personne qui dirige l'atelier, comme un Président d'association. A elle, ou lui, de vous poser des questions, et d'écouter vos réponses. En retour, vous pourrez également lui poser des questions et écouter ses réponses.

Parfois, il convient de rencontrer d'abord des Maîtres de la Loge qui seront missionnés pour vous interroger sur vos motivations et répondre à toutes vos questions.

38 SUIS-JE OBLIGE(E) DE CONTINUER UNE FOIS LE PROCESSUS ENCLENCHE?

Nullement. Rien ne vous y oblige.

Vous êtes un homme ou une femme libre!

Personne ne vous oblige à entrer en franc-maçonnerie.

Parfois c'est le moment. Parfois non. Parfois cela ne le sera jamais.

Toutefois, si vous avez des questions, n'hésitez pas à les formuler. Il vaut toujours mieux dissiper des malentendus que rester à jamais dans l'ignorance.

39 COMMENT SE PASSE LA PRISE DE DECISION?

En franc-maçonnerie, les décisions se prennent entre Maîtres, soit à l'unanimité à main levée, soit par vote avec un système de boules noires et blanches de manière secrète.

Généralement, mais ceci dépend de chaque obédience, suite à votre entretien, un rapport sera émis à la loge. Sera alors décidé s'il convient pour vous de rencontrer de nouvelles personnes. Ce deuxième entretien permet de s'assurer que tout ce qui a été dit précédemment a bien été compris, et il permet, en toute intimité, de rencontrer la personne qui partage votre vie. Ceci permet de répondre également à ses questions, qui peuvent être différentes des vôtres.

Parfois, ceci ne se passe pas ainsi. On peut ainsi vous faire venir en Loge pour vous interroger en vous mettant un bandeau sur les yeux afin que vous n'ayez rien à regretter si votre candidature n'ait pas été acceptée.

Vous sera alors posé une série de questions, des plus sérieuses aux plus farfelues, afin de vous connaitre mieux.

Parfois des réponses sont très intelligentes, mais

pourtant la candidature est refusée.

Tout dépend de la Loge, de son ambiance, des personnes qui la composent.

Etre « refusé » dans une Loge ne veut pas dire que vous n'êtes pas quelqu'un de bien. Cela signifie que vous n'êtes pas fait(e) pour cette Loge.

Et ce n'est pas grave.

Ne l'oubliez jamais, le plus important, c'est votre famille, puis votre métier. La franc-maçonnerie vient toujours après.

40 COMBIEN DE TEMPS ATTENDRE?

Voici la question la plus posée par des « profanes ».

Tout dépend malheureusement de l'obédience et de la Loge.

Parfois, entre le moment où vous exprimez le premier désir, le moment où vous êtes questionné(e) et le moment où vous êtes initié(e), il peut se passer 6 mois. Mais parfois cela peut être 1 an… Et parfois 3 ans!

Tout est possible. Cela dépend d'énormément de critères subjectifs : combien d'apprentis sont à initier avant vous, combien de créneaux sont disponibles dans le calendrier, combien d'apprentis une Loge décide-t-elle d'initier par an….

Ainsi, si vous n'avez pas de nouvelles rapidement, nul besoin de vous inquiéter. Personne ne vous a oublié pour autant. Tout suit juste son cours, et, vous le découvrirez, la temporalité maçonnique est plus lente et pondérée que le rythme effréné de notre société contemporaine.

.

41 QUE SE PASSERA-T-IL SI MA CANDIDATURE N'EST PAS ACCEPTEE?

La situation est rare, mais elle est déjà arrivée. Si un tel cas se produit, n'hésitez pas à poser des questions sur les raisons de ce refus. Celles-ci peuvent être multiples, mais n'ont souvent pas de rapport avec la valeur de votre personne.

Si personne ne souhaite vous répondre, ne regrettez rien. Vous vous êtes épargné de côtoyer des personnes de mauvaises compagnie.

Le plus grand respect doit unir les maçons de la terre. Ne même pas expliquer un refus est une injure à la qualité maçonnique d'un Maître. Certains font ainsi. Ne regrettez pas de ne pas les avoir rejoints.

Voici des raisons de refus diverses et variées : candidature qui arrive à un mauvais moment pour le ou la candidat(e) ; situation professionnelle ne permettant pas la venue en Loge (travail de nuit les jours des tenues par exemple) ; partenaire totalement réfractaire à toute adhésion à la franc-maçonnerie ; appartenance à un parti ou un groupuscule d'extrême-droite allant à l'encontre des valeurs de tolérance de la franc-maçonnerie….

42 COMMENT ME PREPARER POUR LE JOUR J?

Déjà, rien ne sert d'angoisser. Toutes les personnes que vous avez rencontré, et toutes celles que vous rencontrerez seront bienveillantes envers vous.

Vous n'atterrirez pas dans un environnement hostile. Alors, même si cela est naturel, il ne sert donc à rien de développer du stress. Vous ne serez ni la dernière personne à être initiée, ni la dernière.

Lorsque votre candidature sera acceptée, vous recevrez une convocation du Secrétaire de votre future Loge. De nombreux détails vous seront alors communiqués. Votre parrain ou votre marraine vous accompagnera également.

Soyez tout de même attentif(ve) aux détails vestimentaires qui vous seront demandés. Ceux-ci ne sont pas expansifs, mais une chemise aux couleurs bariolées par exemple n'est pas du meilleur effet pour donner une bonne première impression.

Pensez également à revêtir le moins de bijoux possibles, vous comprendrez le jour J, et aussi, souvenez-vous d'emmener avec vous un moyen de paiement afin de payer vos cotisations par avance. Idéalement, prenez votre chéquier.

43 QUE VA-T-IL SE PASSER LE JOUR J?

Tout d'abord, malgré nos conseils, vous allez angoisser. Ceci est normal.

Ensuite, vous allez être invité(e) à vous rendrez à l'adresse de la Loge à une certaine heure. Respectez-la.

Vous y serez alors pris en charge par le frère ou la sœur en charge de votre « préparation ».

La cérémonie va se dérouler. Vous ressentirez des émotions fortes et variées, mais qui sont les vôtres. Vous verrez alors des choses, mais sans forcément les comprendre.

Cessez de réfléchir. Laissez-vous guider sur le chemin. Les frères et les sœurs qui vous ont pris en charge savent exactement ce qu'ils font. Profitez de l'instant et essayez de vous souvenir de l'instant. Gravez-le dans votre mémoire. Cela sera votre souvenir le plus intense de toute votre vie maçonnique.

Durant la cérémonie, vous serez reçu(e) franc-maçon(ne).

A la fin de celle-ci, étant Apprenti(e) vous aurez accès à la « salle humide » qui est en fait le lieu de restauration où se déroulera un diner.

Vous vivrez alors une autre partie du rituel maçonnique, et pourrez souffler et profiter de ces instants qui vous sont consacrés.

Le reste est une histoire qu'il ne tient qu'à vous d'écrire. Mais au niveau symbolique ne vous inquiétez pas, nous continuerons à vous assister.

À PROPOS DE L'AUTEUR

Hervé H. LECOQ (P.M., M.M.M., C.A.R.) est né en 1982 et travaille comme responsable dans le domaine de la vente en ligne.

Membre de l'Académie de Vaucluse et de diverses associations historiques, ayant reçu la Lumière en 2009, depuis 2010, il a administré différents sites internet ayant trait à la franc-maçonnerie.

Auteurs d'articles en langue française mais aussi anglaise dans des revues, des magazines ou sur des sites d'information, il est l'auteur du roman de Science-fiction maçonnique : L'Apprenti Perdu (éditions ECE-D) et administre la chaîne Youtube : French Freemason.

www.apprentiperdu.fr

www.youtube.com/c/hervehlecoq

Printed in Great Britain
by Amazon